Schon längst hat sich Indoor-Cycling vom Trendsport zur beliebten Ausdauersportart gemausert. Denn es verbessert die Kondition, aktiviert den Stoffwechsel und lässt lästige Pölsterchen nur so dahinschmelzen. Ganz nebenbei macht das Training auch noch unglaublich viel Spaß – egal ob zu Hause oder im Fitnessstudio.

Inhalt

Die Basics

Nicht jeder Anfang ist schwer ...

Wer Spaß an Bewegung, Musik und einem abwechslungsreichen Training hat, ist beim Indoor-Cycling genau richtig. Damit von Anfang an alles glatt geht, sollten Sie jedoch ein paar Grundregeln kennen.

Vom Trend zur Bewegung

Begonnen hat alles Anfang der 90er-Jahre: Immer mehr Fitnessstudios boten spezielle Gruppenkurse an, in denen zu dynamischer Musik in die Pedale getreten wurde. Zu Beginn stand die Fitnesswelt dem Trend noch skeptisch gegenüber, doch die Zeiten haben sich geändert. Immer mehr Fitnessbegeisterte erkennen, wie effektiv Indoor-Cycling ist und wie viel Spaß es macht. Und anders als beispielsweise bei Aerobic oder Hip-Hop gibt es beim Indoor-Cycling weder komplizierte Choreographien noch Techniken, die Anfängern den Einstieg schwer machen.

Weniger ist mehr

Sich völlig auszupowern ist out. Sie müssen sich nicht quälen bis zum Umfallen, um den Körper gesund und fit zu halten. Auch beim Indoor-Cycling sind die Zeiten vorbei, in denen der Instructor seine Gruppe permanent dazu antrieb, sich bis an die Leistungsgrenze zu belasten. Heute stehen Wohlgefühl und Freude an der Bewegung im Vordergrund. Und das zu Recht: Durch die Kombination guter Fahrtechnik mit idealer Trainingsintensität wird der Körper geschont, das Herz-Kreislauf-System wird gekräftigt, und überschüssige Pfunde verschwinden.

Gezieltes Training

Dank der modernen Sportwissenschaften lässt sich heute ziemlich genau sagen, wie hoch die Belastung sein darf, um sich positiv auf das Herz-Kreislauf-System auszuwirken und um Fett zu verbrennen (siehe Seite 22 f.). Mithilfe moderner Herzfrequenzmessgeräte – auch Pulsmesser genannt – können Sie die Leistung steuern und ganz gezielt auf Ihre persönlichen Bedürfnisse abstimmen.

Individuelle Fitness

Indoor-Cycling ist eine der wenigen Sportarten, bei denen Einsteiger, Fortgeschrittene und Profis gemeinsam trainieren können. Denn über einen Widerstandsregler am Rad steuert jeder selbst die Trainingsintensität.
Das bedeutet jedoch nicht, dass Sie Indoor-Cycling nur im Fitnessstudio betreiben können. Mit einem guten Bike und der richtigen Musik können Sie auch prima zu Hause trainieren. Dann lassen sich Intensität und Trainingsdauer noch individueller an Ihre Ziele anpassen.

tipp:

Gesundheits-Check

Wenn Sie nach einer längeren Sport-Pause wieder mit einem Ausdauertraining beginnen wollen, sollten Sie vorher bei Ihrem Arzt einen Gesundheits-Check durchführen lassen.

Das Indoor-Bike

Indoor-Cycling funktioniert nur mit einem speziellen Bike, und dieses hat mit dem gewöhnlichen Fahrradergometer (Hometrainer) nicht viel gemein. Weder die Einstellmöglichkeiten noch die Fahrtechniken lassen sich miteinander vergleichen. Einer der wichtigsten Unterschiede: Sie können während des Trainings nicht einfach aufhören zu treten, denn das Indoor-Bike hat in der Regel keinen vorhandenen Freilauf (auch »starke Nabe« genannt). Stattdessen muss das Bike über das Bremssystem des Widerstandreglers »heruntergebremst« werden, wenn Sie »anhalten« wollen. Anderenfalls kann es schnell einmal zu einem Unfall kommen. Mittlerweile gibt es jedoch auch Räder, bei denen eine Rutschkupplung sofort den Kontakt zur Schwungscheibe löst, wenn Sie plötzlich aufhören zu treten.

Je nach Hersteller unterscheiden sich die Bikes auch in anderer Hinsicht, etwa durch verschiedene Baukonzepte und -formen. Lassen Sie sich also beim Kauf eines Bikes nicht verunsichern, nur weil es anders aussieht, als Sie es gewohnt sind. Technisch entsprechen fast alle Modelle dem gleichen Standard, und sie werden gewöhnlich auch alle auf die gleiche Art und Weise eingestellt.

Die einzelnen Bauteile

Jedes Bike ist nur so gut wie seine Ausstattung. Die folgenden Parts sind (bis auf die Extras) bei allen Markenprodukten vorhanden.

1. Rahmen: meist baugleich wie ein Rennradrahmen. Einige Modelle haben jedoch auch eine andere Form (zum Beispiel X-Geometrie).

2. Sattel: Sollte nach Möglichkeit genau waagerecht ausgerichtet sein.

> **info:**
>
> **Typisch Indoor-Bike**
>
> - Es ist sehr robust gebaut.
> - Die Geometrie (das Verhältnis der Entfernungen von Sattel, Lenker und Pedalen zueinander) ist stark an die eines Rennrads angelehnt.
> - Es hat einen stufenlosen Widerstandsregler, der die Schwungscheibe abbremst und so den Widerstand erhöht oder verringert. Dadurch lässt sich die Trainingsintensität variieren.
> - Alle Techniken des Rennradfahrens lassen sich darauf simulieren (zum Beispiel das Fahren im Stehen).
> - Es ist eine sehr hohe Kraftübertragung möglich.

3. Vertikale Satteleinstellung: Regulierung der Sitzhöhe.

4. Horizontale Satteleinstellung: Regulierung der Sitzweite (vor oder zurück). Achten Sie auf dieses »Extra«, denn bei einigen Fabrikaten gibt es diese Möglichkeit nicht.

der Lenkerhöhe auch die Lenkerweite zu regulieren (vor oder zurück) und so das Bike noch individueller einzustellen.
Ein Trinkflaschenhalter sichert die Trinkflasche und so die nötige Flüssigkeitszufuhr während des Trainings.

5. Tretkurbel (Tretlager): Überträgt die Beinkraft zur Antriebseinheit.

6. Antriebseinheit: Leitet die Beinkräfte zur Schwungscheibe um und versetzt diese in die Drehbewegung.

7. Schwungscheibe: in der Regel etwa 20 Kilogramm.

8. Bremssystem: Dosiert den Widerstand an der Schwungscheibe. Dient als Notbremse.

9. Feststellschrauben: Erlauben die individuelle Einstellung von Sattel und Lenker.

10. Vertikale Lenkereinstellung: individuelle Einstellung der Lenkerhöhe.

11. Einstellfüße: Zum Ausgleich von Unebenheiten; verhindern, dass das Bike wackelt oder rutscht.

Extras: Einige Hersteller bieten die Möglichkeit, neben

tipp:

Korrekte Einweisung

Egal ob im Studio oder beim Kauf eines Indoor-Bikes: Wenn Sie nicht mit dem Bike vertraut sind, lassen Sie sich alle auf dieser Seite besprochenen Komponenten zeigen und erklären. Besonderes Augenmerk sollte dabei auf die Funktionsweise der Bremse gelegt werden. Prüfen Sie auch, welche Bremsleistung die Bremse hat.

Die richtige Einstellung

Wie jede andere Sportart hat auch Indoor-Cycling seine Besonderheiten. Denn damit Sie sich beim Ausdauertraining nicht überlasten, muss die beanspruchte Beinmuskulatur im idealen Bewegungsfluss bleiben. Um dies zu gewährleisten, ist es wichtig, das Bike optimal auf Ihre persönlichen Körpermaße einzustellen. Nur so trainieren Sie angenehm, sicher und erfolgreich.

Die Position von Sattel und Lenker

Um das Bike einzustellen, müssen Sie technisch nicht besonders versiert sein. Wenn Sie wissen, welche Handgriffe dazu nötig sind und in welcher Reihenfolge sie zu tun sind, ist das Anpassen ganz einfach. Übrigens: Wenn Sie an einem Kurs teilnehmen, empfiehlt es sich, bereits fünf Minuten vor Kursbeginn anwesend zu sein, um das Bike ohne Druck auf Ihre Bedürfnisse einzustellen.

Sattelhöhe

➤ Für die erste »grobe« Einstellung stehen Sie neben dem Bike, bringen den Sattel etwa auf Hüfthöhe und drehen die Feststellschraube fest. Dann richten Sie den Lenker so ein, dass er in Sattelhöhe steht.

➤ Zur Feineinstellung setzen Sie sich auf das Rad. Richten Sie die Pedale so aus, dass ein Pedal am höchsten, das andere am tiefsten Punkt steht. Stellen Sie die Ferse auf das untere Pedal. Nehmen Sie die Hände an den Lenker. Das Bein auf dem unteren Pedal muss ganz gestreckt, das Becken gerade sein. Wenn Sie später den Ballen auf das Pedal setzen, ist das Bein ideal abgewinkelt.

➤ Um die Sattelhöhe zu kontrollieren, stellen Sie beide Fersen auf die Pedale. Lassen Sie die Hände am Lenker und treten Sie langsam rückwärts. Das Becken darf dabei nicht zur Seite kippen, und das Bein muss auf niedrigster Pedalposition gestreckt sein.

Sattelweite

➤ Setzen Sie sich auf den Sattel und stellen Sie die Füße so auf die Pedale, dass die Fußballen aufliegen und die Sohlen waagerecht stehen.

➤ Nehmen Sie beide Hände an den Lenker und stellen Sie die Pedale auf beiden Seiten gleich hoch ein (waagerecht). Stellen Sie nun den Sattel so weit vor oder zurück, dass das vordere Knie mit seiner Spitze genau über dem Pedal steht.

➤ Stellen Sie den Sattel nie über die Armlänge ein, auch wenn es in vielen Studios so gezeigt wird. Denn dabei wird der Kniewinkel zu spitz, was

tipp:

Einstellen im Sitzen

Bei jeder Einstellung, die Sie im Sitzen vornehmen, müssen Sie sich in Fahrposition befinden, also die Hände am Lenker haben. Sollten die Positionen nicht stimmen, muss die Einstellung entsprechend korrigiert werden.

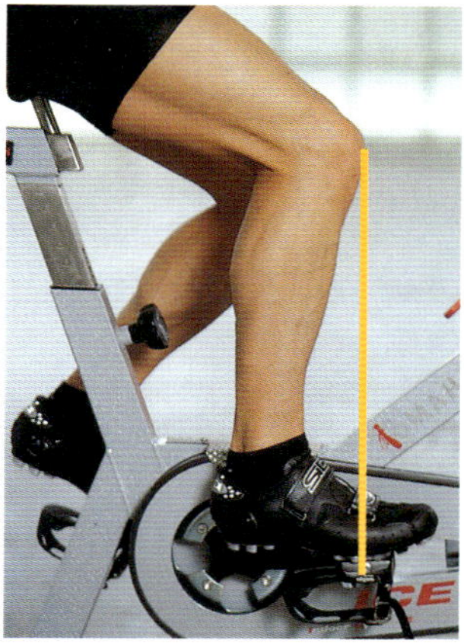

Die Sattelweite stimmt, wenn Knie und Pedal auf einer Linie liegen.

Der Lenker darf nicht niedriger eingestellt werden als der Sattel.

zu erhöhtem Druck auf die Knie führt und zu deren stärkerem Verschleiß beiträgt. Außerdem verringert sich so der Aktionsradius der Pedalumdrehung.

Lenkerhöhe

Der Lenker sollte immer mindestens auf gleicher Höhe stehen wie der Sattel – nie darunter. Gerade für Einsteiger empfiehlt es sich jedoch, ihn deutlich höher einzustellen als den Sattel. So reduziert sich der Druck auf Hände, Arme, Brust- und Nackenmuskeln.

Lenkerweite

Die Entfernung des Lenkers zum Sattel lässt sich nicht bei allen Bikes verändern. Sollte es bei Ihrem Modell möglich sein, gehen Sie folgendermaßen vor:

➤ Setzen Sie sich auf den Sattel, und legen Sie beide Handflächen auf die Krümmung des Lenkerbogens. Treten Sie langsam vorwärts. Knie und Ellbogen dürfen sich dabei nicht berühren. Grundsätzlich sollte der Lenker möglichst nah zum Sattel gestellt werden.

info:

Trainingskleidung

➤ Um die Trainingsstunde auf dem harten Sattel zu überstehen, empfiehlt sich eine spezielle Radsporthose mit einem Vlieseinsatz, der bis an die Innenseiten der Oberschenkel reicht. Die Hose darf keine Falten schlagen, sonst gibt es unangenehme Druckstellen. Das Gleiche gilt übrigens bei weiten Hosen.

➤ Richtige Radschuhe haben eine harte Sohle, damit sich der Druck auf die gesamte Fußfläche verteilt – das entlastet die Füße. Schuhe mit Klicksystem sind beim Cyclen fest mit dem Bike verbunden. Wer mit herkömmlichen Schnürschuhen fährt, steckt die Riemen in die Schuhe (nicht ins Pedalkörbchen), damit sie sich nicht in den Tretkurbeln verfangen.

Wohin mit den Händen?

Natürlich kommt es beim Indoor-Cycling vor allem auf die Beinarbeit an. Doch beinahe ebenso wichtig ist es, die Hände richtig am Lenker zu halten. Wenn Sie im Studio trainieren, werden Sie in der Regel mit den »Handposition 1, 2 und 3« arbeiten, unter denen man in jedem Indoor-Cycling-Kurs – egal wo Sie trainieren – die gleiche Grifftechnik versteht.

Mittelgriff

Obwohl viele Cycler den engen Oberlenker- oder Mittelgriff (im Fachjargon Handposition 1) als besonders entspannend empfinden, ist er für Einsteiger nicht empfehlenswert. Denn die ohnehin meist überlastete Brustmuskulatur wird zusätzlich gespannt und der Rücken geschwächt. Der Brustkorb wird verengt, weshalb die Lungen

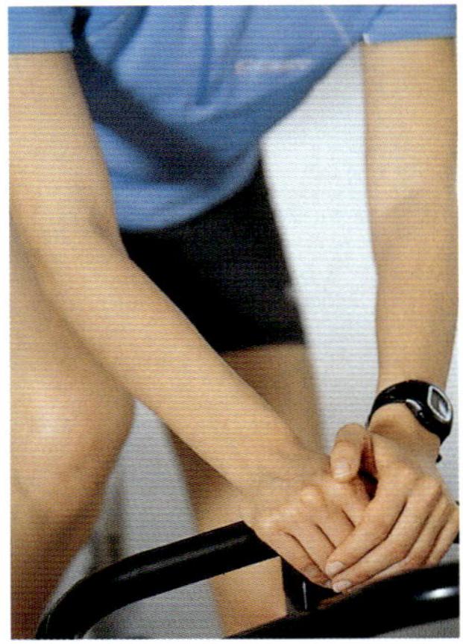

Beim Mittelgriff liegen beide Hände in der Mitte des Lenkers.

nicht richtig arbeiten. Außerdem können Sie sich nicht optimal abstützen, falls Sie aus den Pedalen rutschen. Sollten Sie sich dennoch für den Mittelgriff entscheiden, gehen Sie wie folgt vor:

- Legen Sie beide Handballen nebeneinander (nicht, wie oft gezeigt, aufeinander) in die Lenkermitte. Die Hände sind geöffnet, die Ballen liegen auf der Lenkerstange. Der Rücken ist leicht gerundet. Machen Sie aber keinen Buckel! Die Arme sind entspannt und nicht ganz durchgestreckt.
- Ganz wichtig: Stützen Sie sich nicht voll auf den Händen ab, das belastet die Gelenke.

Breiter Oberlenker- und Biegungsgriff

Der breite Oberlenker- und der Biegungsgriff (auch Handposition 2) sind für das Fahren im Sitzen sehr zu empfehlen – gerade für Einsteiger. Für beide Varianten gilt: Der Rücken ist leicht gerundet und die Arme sind leicht gebeugt (nicht ganz durchgestreckt).

tipp:

Die richtige Haltung

Probieren Sie die Handpositionen erst einmal im »Trockenen«, ohne dabei in die Pedale zu treten. So können Sie am besten alle Griffe ausprobieren, die Sie zum Fahren im Sitzen oder Stehen benötigen. Konzentrieren Sie sich dabei auf Ihren Körper: Wo drückt es? Wo kneift es? Auf diese Weise finden Sie schnell die Haltung, in der Sie sich am wohlsten fühlen.

Der breite Oberlenkergriff lässt sich besonders vielfältig einsetzen.

Der Biegungsgriff entlastet die Handgelenke am meisten.

Nur für das Fahren im Stehen geeignet: der Horngriff.

Breiter Oberlenkergriff

Der breite Oberlenkergriff ist ideal, wenn ein starker »Anstieg« im Sitzen bevorsteht. Der Vorteil: Sie können dabei viel Kraft entwickeln und bei Bedarf sogar im Stehen fahren. Der Nachteil: Durch die Innendrehung werden Hand- und Fingergelenke besonders stark beansprucht.

➤ Legen Sie die Hände in Schulterbreite auf die Querstrebe des Lenkers. Legen Sie nur die Ballen auf und fassen den Lenker (nur fühlen, nicht fest umklammern).

Biegungsgriff

Der Vorteil des Biegungsgriffs: Durch die Außenrotation ist die Daumenstellung sehr natürlich, wodurch Hand- und Fingergelenke weniger belastet werden als beim breiten Oberlenkergriff. Der Nachteil: Wenn Sie eher klein sind, müssen Sie den Oberkörper zu sehr strecken, was den Rücken unnötig belastet. Wer es ausprobieren will – so geht's:

➤ Greifen Sie unmittelbar hinter dem Lenkerbogen an die nach vorn stehenden Lenkerrohre.

Horngriff

Der Horngriff (also Handposition 3) ist ausschließlich zum Fahren im Stehen geeignet.

➤ Umfassen Sie den Lenker an den Enden und legen Sie die Daumen an die Lenkerspitze (wenn Sie sehr klein sind, können Sie auch weiter hinten greifen). Machen Sie den Rücken leicht rund (kein Buckel). Die Arme sind etwas gebeugt, die Schultern sind weiter hinten als die Ellbogen.

➤ Ganz wichtig: Oberkörper nie so weit senken, dass Sie ihn auf dem Lenker ablegen.

Die richtige Beintechnik

Die meisten von uns haben schon im Kindesalter gelernt, Fahrrad zu fahren – die Bewegung ist daher weder ungewohnt noch schwierig. Wenn Sie beim Indoor-Cycling in die Pedale treten, ist das beinahe so wie beim Radfahren. Doch es gibt ein paar Kleinigkeiten, die Sie beachten sollten.
Der größte Unterschied beim Indoor-Cycling besteht darin, dass sich das Bike unter Ihnen nicht bewegt. Wenn Sie nämlich auf einem normalen Rad unterwegs sind, neigt sich dieses die ganze Zeit über in leicht schaukelnden (meist unbemerkten) Bewegungen nach links und rechts. Auf diese Weise hält man das Gleichgewicht und kippt nicht um. Beim Indoor-Cycling muss dieses »weiche« und schonende Bewegungsmuster simuliert werden, um Körper, Gelenke und Bike nicht unnötig zu belasten.

So stimmt die Beinstellung: Die Beine ziehen weder zueinander, noch zeigen die Knie nach außen.

Die Beinstellung

Haben Sie schon einmal beobachtet, wie Sie Ihre Beine beim Treten (Pedalieren) halten? Richtig wäre es, wenn die Beine möglichst beckenbreit und parallel zueinander pedalieren. Das schont Kniegelenk und Meniskus.

Vorsicht, wenn Sie die Beine stark zueinander ziehen (»Scherentritt«). Die Technik verbessert zwar im Straßenradsport die Aerodynamik, belastet den Bewegungsapparat aber stark. Da es drinnen keinen Fahrtwind gibt, können Sie gut darauf verzichten.

Der runde Tritt

Um effektiv trainieren zu können, müssen Sie möglichst viel der Pedalumdrehung (360°) in Energie umsetzen. Der Schlüssel zum Erfolg heißt »runder Tritt« – ein leichtes und geschmeidiges Treten, bei dem die Kraftübertragung beinahe während der gesamten Umdrehung bestehen bleibt. Der »runde Tritt« ist also ein in allen Phasen der Pedalbewegung gleichmäßig verlaufender Tretzyklus. Neben der positiven Energienutzung schont die richtige Tritttechnik auch den aktiven Bewegungsapparat (zum Beispiel die Achillessehne).

Die Technik macht's

Wie so vieles ist auch der »runde Tritt« eine Sache der Übung: Die meisten von uns neigen dazu, den Fuß über die gesamte Pedalumdrehung hinweg in der gleichen Stellung zu belassen, anstatt ihn zu bewegen. Richtig dagegen wäre es, den Fuß nach unten zu strecken, wenn Sie das Pedal herunterdrücken, und das andere Pedal dabei aktiv nach oben zu ziehen, indem Sie den Fuß hochführen.

tipp:

Kontrolle ist gut

Spüren Sie während des runden Tritts, dass sich die Waden verkrampfen – was gerade bei Einsteigern nicht selten passiert – wechseln Sie sofort zur »normalen« Trittführung, um die Muskeln zu entlasten.

Das bringt der »runde Tritt«

Die Vorteile der korrekten Fußhaltung und Beinarbeit liegen auf der Hand: Alle an der Bewegung beteiligten Muskeln arbeiten

- zum richtigen Zeitpunkt,
- mit idealem Krafteinsatz,
- in die richtige Bewegungsrichtung,
- mit der genauen Bewegungsstrecke
- und zwar gemeinsam (synergetisch) und im steten Wechselspiel (antagonistisch).

Dadurch setzen Sie mit geringstem Kraftverlust (Watt) möglichst viel Energie (kcal) in mechanische Bewegung um (in diesem Fall die Rotation der Schwungscheibe) und mindern zudem noch das Verletzungsrisiko.

Trainingstipps

Am besten trainieren Sie den »runden Tritt«, indem Sie die Bewegung extra übertrieben ausführen. So umgehen Sie den Automatismus, wie gewohnt in die Pedale zu treten. Wenn Sie gerade erst mit dem Indoor-Cycling beginnen, sollten Sie versuchen, während jeder Trainingseinheit zwei Tracks (so werden die Musikeinheiten genannt) vollständig im runden Tritt zu fahren. Am besten eignet sich dazu eine Flachstrecke und eine Bergfahrt zu Beginn des Trainings. Später genügt es dann, die Technik nur bei jeder fünften Trainingseinheit bewusst einzusetzen, damit sich nicht wieder das alte Bewegungsmuster einschleicht.

Die optimale Fahrtechnik

Beim Indoor-Cycling nutzen Sie die gängigen Fahrtechniken: das Radfahren im Sitzen und im Stehen. Dadurch lässt sich eine reale Trainingsstrecke perfekt simulieren.

Sitzen oder stehen?

Es spricht grundsätzlich nichts dagegen, flache Strecken oder Bergetappen sitzend zu fahren. Bei dieser Technik bringen Sie sogar mehr Kraft in die Pedale, als Sie es im Stehen könnten – und das ist gerade beim Bergauffahren von Vorteil. Der Nachteil: Wenn Sie sich sehr anstrengen (der Widerstand also relativ hoch ist), kann es zu schmerzhaften Rückenverspannungen kommen. Aus diesem Grund sollten Sie spätestens dann vom Sitzen in die stehende Position wechseln, wenn es beginnt, im Rücken zu kneifen. Sie werden sehen, dass die »Beschwerden« schnell wieder nachlassen, wenn Sie sich wieder setzen.

Handposition im Sitzen

Wenn Sie im Sitzen fahren, können Sie zwischen den Handpositionen 1 und 2 wählen (siehe Seite 10 f.). Völlig ungeeignet ist dagegen Position 3. Denn bei diesem Handgriff würde der Rücken extrem gestreckt, wodurch Sie sich schnell einen Hexenschuss zuziehen können. Deshalb sollten Sie diese Handposition immer erst dann einnehmen, wenn Sie sich bereits aus dem Sattel erhoben haben und stehen.

Stehende Fahrt

Sobald Sie im Stehen fahren, müssen Sie gleichzeitig in die Pedale treten und Ihr gesamtes Körpergewicht tragen. Damit die Belastung nicht zu hoch wird, sollten deshalb gerade Einsteiger die Technik mit langsamen Trittbewegungen bei mittelschwerem Widerstand üben – am besten ohne Musik. Beobachten Sie sich dabei genau, und hören Sie auf Ihren Körper, um Ihre individuelle Belastungsgrenze rechtzeitig zu erkennen.

Die passende Handposition

Bei stehenden Fahrten können Sie zwischen den Handpositionen 2 und 3 wählen. Ungeeignet ist dagegen Position 1: Dieser Griff gewährleistet keinen ausreichenden Halt und Sie können leicht einmal seitlich kippen.

Beim Fahren im Stehen müssen Beine und Arme das gesamte Körpergewicht tragen.

Der Wiegetritt

Sobald Sie mit Handposition 3 fahren, empfiehlt es sich, in den so genannten Wiegetritt überzugehen. Bewegen Sie sich dabei im gleichmäßig wiegenden Rhythmus nach links und rechts. Dann wird das Druckbein (das Bein, das gerade das Pedal nach unten tritt) vom Körpergewicht unterstützt. Das spart Kraft, schont Bewegungsapparat und Bike und sorgt für Abwechslung.

Sprinten

Sicher haben auch Sie schon einmal Radrennfahrer bei ihrem Schlusssprint bewundert. Es ist einfach sensationell, welche Energien dabei freigesetzt werden, um als Erster die Ziellinie zu überqueren. Selbstverständlich können Sie auch solche Sprints auf dem Indoor-Bike simulieren. Beginnen Sie dazu eine Bergfahrt bei mittlerem Widerstand. Sobald Sie Ihren Rhythmus gefunden haben, fahren Sie noch mindestens eine Minute im gleichen Tempo weiter. Erhöhen Sie dann das Tempo, ohne die Kontrolle über die Trittgeschwindigkeit zu verlieren. Behalten Sie es maximal 20 Sekunden bei und lassen sich wieder in das Ausgangstempo zurückfallen. Wichtig: Der Widerstand bleibt die gesamte Zeit unverändert.

Jumpen oder Springen

Auch beim Jumpen sollten Sie stets die Kontrolle über die Bewegung haben. Heben Sie den Po im Trittrhythmus vom Sattel und senken Sie ihn wieder ab (zum Beispiel zwei Umdrehungen zum Heben, zwei zum Setzen). Dabei bewegen Sie das Becken ganz leicht nach vorn, sodass Sie die Sattelspitze noch am Po spüren. Bevor es losgeht, fahren Sie einen mittelschweren Berg und halten Ihren Rhythmus mindestens eine Minute. Beginnen Sie dann mit dem Jumpen. Vier bis acht Jumps sind für den Anfang genug. Verschnaufen Sie kurz im Sitzen und jumpen Sie dann noch achtmal.

info:

So lieber nicht

Waghalsige »Stunts« auf dem Bike bergen ein hohes Verletzungsrisiko und können neben dem Bewegungsapparat auch dem Herz-Kreislauf-System schaden.

- Vermeiden Sie beim Fahren im Stehen Trittgeschwindigkeiten von mehr als 95 Umdrehungen pro Minute.
- Machen Sie während der stehenden Fahrt keine Kniebeugen: Ihre Kniegelenke werden es Ihnen danken.
- Um Lendenwirbelsäule und Nacken zu schonen, verzichten Sie auf so genannte Pushes oder Liegestütze, bei denen der Oberkörper zum Lenker gesenkt und wieder nach oben gedrückt wird.
- Pull-backs (bei stehender Fahrt das Becken nach hinten und vorn schieben) belasten die Wirbelsäule stark.
- Stellen Sie den Sattel nie ganz nach unten oder entfernen ihn gar. Sie können sich sonst nicht setzen, wenn Ihr Puls zu hoch ansteigt.

Der richtige Rhythmus

So finden Sie Ihr eigenes Tempo

Um effektiv trainieren zu können, sollten Sie nicht nur Ihre optimale Trainingsherzfrequenz kennen, sondern auch in der passenden Energiezone fahren. Mit der richtigen Musik klappt das besonders gut.

Lust auf Bewegung

Wohl jeder Mensch hat Spaß an der Bewegung, will durch Sport positive Effekte erzielen und ganz persönliche Ziele erreichen. Bei allen Ausdauersportarten trainieren Sie darüber hinaus auch noch das Herz-Kreislauf-System. Dabei sind Kraft und Geschwindigkeit ganz entscheidend für die Belastung.
Beim Laufen beispielsweise hängt die Belastung von Laufgeschwindigkeit, Schrittlänge und Profil der Strecke ab. Gerade für Laufeinsteiger sind diese Komponenten schwer zu steuern. Denn während des Trainings lastet stets das gesamte Körpergewicht auf dem Sportler. Dadurch besteht die Gefahr, sich ständig zu überlasten. Das Ergebnis: Sie fühlen sich nach dem Training völlig ausgepowert und brauchen zwischendurch lange Regenerationsphasen, damit der Körper zu neuen Kräften kommt. Das alles schlägt sich natürlich auch auf die Motivation nieder. So hört manch einer schneller wieder mit dem regelmäßigen Training auf, als er dachte.

Der Weg zum Ziel

Beim Indoor-Cycling dagegen ist die Trainingsintensität so einfach zu kontrollieren wie bei kaum einem anderen Ausdauersport. Indem Sie die Trittgeschwindigkeit und den Widerstand je nach persönlicher Leistungsfähigkeit steuern, haben Sie direkten Einfluss auf die Belastungsstärke und können so Ihr Trainingsziel viel schneller erreichen. Außerdem müssen Sie Ihr Körpergewicht nur tragen, wenn Sie sich aus dem Sattel heben und im Stehen fahren.

Training nach Herzfrequenz

Um die aktuelle Belastungsintensität zu überprüfen, gibt es ein ganz einfaches Mittel: die stete Kontrolle der Herzfrequenz. Ist diese zu niedrig, ist das Training zwar nicht anstrengend, aber auch nicht effektiv. Ist die Herzfrequenz dagegen zu hoch, kann das sogar der Gesundheit schaden.

Immer im Takt

Eine weitere Motivationshilfe beim Indoor-Cycling ist das Training zu Musik, wie man es lange Zeit nur von Fitnesskursen wie Aerobic oder Step kannte. Doch die Musik soll nicht nur den Spaß steigern und zum Durchhalten und Weitermachen animieren.
Ihre Geschwindigkeit steht auch im direkten Zusammenhang mit der Herzfrequenz und hilft dabei, während des Trainings problemlos das richtige Tempo und den richtigen Trittwiderstand zu finden. Ist die Melodie beispielsweise schwer und träge, fühlen Sie gleich, dass der Widerstand höher gestellt werden soll, um eine anstrengende Bergfahrt zu simulieren. Wird sie anschließend wieder beschwingt und leicht, schalten Sie einfach wieder ein paar »Gänge« zurück.

Das Herz – Motor des Lebens

Auch wenn es vielen als Hort der Liebe und anderer Empfindungen gilt: Physiologisch gesehen ist unser Herz ein ganz normaler Muskel, der den Körper mit Sauerstoff und Nährstoffen versorgt. Ein besonders aktiver Muskel sogar, denn wenn Ihr Herz in der Minute 60-mal schlägt, sind das in einer Stunde immerhin 3.600 Schläge, an einem Tag gar 86.400 Schläge. Grund genug, das Herz zu trainieren und zu pflegen, damit es so lange wie möglich »reibungslos« funktioniert.

Puls und Herzfrequenz

Um zu sehen, wie häufig Ihr Herz schlägt, können Sie ganz einfach Ihren Puls messen. Legen Sie dazu Zeige- und Mittelfinger einer Hand an die Hals- oder Handschlagader, und üben Sie leichten Druck aus, bis Sie ein deutliches Pochen spüren. Was Sie dabei wahrnehmen, sind die Impulse in der Ader, die durch das Pumpen des Herzens erzeugt werden. Leider hat das Pulsmessen einen Nachteil: Sie können beim Sport nicht messen, ohne das Training zumindest kurzzeitig zu verlangsamen oder zu unterbrechen. Deswegen sind hohe Abweichungen möglich.

Herzfrequenz-Messgeräte

Wenn Sie immer genau wissen wollen, wie stark Ihr Herz schlägt, lohnt sich die Anschaffung eines Herzfrequenz-Messgeräts. Es misst die elektrischen Ströme, die über das Nervenleitsystem an das Herz gesendet werden und es zum Schlagen anregen. Mittels eines Herzfrequenz-Messgeräts können Sie nicht nur während der gesamten Belastungsphase Ihre Herzfrequenz ablesen, es ist auch genauer als das händische Pulsmessen und noch dazu sehr einfach zu bedienen – selbst für Einsteiger.

Am deutlichsten lässt sich der Puls an der Halsschlagader ertasten.

Der Ruhepuls

Wird der Körper nicht belastet, muss auch das Herz weniger Blut durch die Adern pumpen, und der Puls ist langsamer als sonst. Diese Phase wird als Ruhepuls bezeichnet. Der Ruhepuls sagt viel über Ihren Trainings- beziehungsweise Gesundheitszustand aus. Um ihn zu ermitteln, zählen Sie Ihre Pulsschläge gleich nach dem Aufwachen eine Minute lang – noch während Sie im Bett liegen.

Wenn Sie regelmäßig auf dem Bike trainieren, werden Sie bald eine Veränderung feststellen. Je fitter Sie nämlich werden, desto mehr sinkt Ihr Ruhepuls. Denn mit zunehmender Ausdauerleistung vergrößert sich der Herzmuskel, was sowohl in Ruhe als auch bei gleichmäßiger Belastung zu einer verlangsamten Schlagfrequenz führt. Sie werden also leistungsfähiger.

Warnzeichen Ruhepuls

Wenn Sie Ihren Ruhepuls täglich messen, können Sie noch mehr erkennen als Ihren aktuellen Trainingszustand: Abweichungen von mehr als sieben bis zehn Schlägen pro Minute nach oben können ein Signal für Übertraining oder eine Infektion sein. Eine Grippe etwa kündigt sich bereits drei bis vier Tage im Voraus durch einen erhöhten Ruhepuls an. Weitere Gründe für diesen können Stress sowie Schlafmangel sein – alles wirkt sich stark auf die Leistungsfähigkeit aus.

Die maximale Herzfrequenz

Im Gegensatz zum Ruhepuls, der die Herzfrequenz bei Nichtbelastung angibt, bezeichnet die maximale Herzfrequenz die äußerste Schlagzahl Ihres Herzens pro Minute, die unter höchster Beanspruchung erreicht werden kann. Die maximale Herzfrequenz hängt auch vom Alter ab, denn mit zunehmenden Lebensjahren nimmt die Herzfrequenz immer mehr ab.

Ermittlung der Herzfrequenz

Am genauesten lässt sich die individuelle maximale Herzfrequenz durch ein Belastungs-EKG beim Sportmediziner ermitteln. Alternativ können Sie Ihren Wert über eine einfache Formel errechnen – doch ist das Ergebnis weniger genau. Die Formel zur Errechnung der maximalen Herzfrequenz lautet:

- Frauen: 226 minus Lebensalter
- Für Männer: 220 minus Lebensalter

Was bringt die maximale Herzfrequenz?

Mithilfe der maximalen Herzfrequenz lässt sich die angestrebte Trainingsherzfrequenz ermitteln, die sich je nach Zielsetzung aus einem unterschiedlich hohen prozentualen Anteil von ersterer errechnet (siehe Seite 20 ff.).
Wenn Sie sich an die ermittelten Werte halten, erreichen Sie Ihr Trainingsziel schneller und beugen gleichzeitig Überbelastung sowie Gesundheitsschäden effektiv vor.

info:

So fit sind Sie

Anhand des morgendlichen Ruhepulses lässt sich Ihr Fitnesslevel leicht erkennen.
In der Regel liegt der Normwert bei gesunden, untrainierten Menschen bei 70 bis 90 Schlägen pro Minute. Bei gesunden Trainierten können Werte zwischen 40 und 60 Schlägen pro Minute oder weniger erreicht werden.

Die optimale Trainingsherzfrequenz

Um das Leistungsvermögen des Herzmuskels zu verbessern, sollte nie bis zur maximalen Herzfrequenz trainiert werden, sondern nur in einem Bereich zwischen 60 und 90 Prozent davon. Zur Verbesserung der Ausdauerleistung, Steigerung des Fitnessgrades und Optimierung des Fettstoffwechsels empfiehlt es sich, im Bereich der Grundlagenausdauer zu arbeiten – also bei 70 bis 85 Prozent der maximalen Herzfrequenz. Vermeiden Sie dagegen Belastungen über 85 Prozent, und führen Sie diese – wenn überhaupt – nur bei einer Bergfahrt und mit kontrollierten Bewegungen aus. Bei Sprints in der Ebene oder bei stehender Fahrt im Flachen ist der Widerstand dagegen zu gering und die Trittgeschwindigkeit zu hoch. Unkontrollierte Übungsausführung und zu hoher Puls wären die Folge.

Ein Blick auf die Pulsuhr genügt, und Sie wissen, ob Sie das Tempo reduzieren oder ein wenig stärker in die Pedale treten müssen.

Berechnung der Trainingsherzfrequenz

Die optimale Trainingsherzfrequenz lässt sich auf unterschiedliche Weise errechnen. Soll es schnell gehen, multiplizieren Sie die maximale Herzfrequenz mit der angestrebten Trainingsintensität. Beispiel: Ein 35-jähriger Mann hat eine Maximalfrequenz (MHF) von 185 (220–35). Die angestrebte Belastungsintensität beträgt 65 bis 85 Prozent. Die Trainingsherzfrequenz (THF) wird berechnet:

- Für eine Trainingsintensität von 65 Prozent: 185 x 0,65 = 120 THF
- Für eine Trainingsintensität von 85 Prozent: 185 x 0,85 = 157 THF

Die Trainingsherzfrequenz sollte also zwischen 120 und 157 liegen.

Die Karvonenformel

Sehr viel genauer als über das Alter lässt sich die Trainingsherzfrequenz über die so genannte Karvonenformel bestimmen. Die Formel scheint zwar auf den ersten Blick etwas umständlich, tatsächlich benötigen Sie jedoch nur zwei Werte: Ihren Ruhepuls (RP) und Ihre maximale Herzfrequenz (MHF). Die Karvonenformel errechnet sich daraus wie folgt: (MHF – RP) x Zielzone (z. B. 65 %) + RP = THF

Wenn also derselbe Mann wie im Beispiel oben den (sehr guten) Ruhepuls von 57 hat, lautet seine optimale Trainingsherzfrequenz mithilfe der Karvonenformel:

- Für eine Trainingsintensität von 65 Prozent: (185 – 57) x 0,65 + 57 = 140 THF
- Für eine Trainingsintensität von 85 Prozent: (185 – 57) x 0,85 + 57 = 166 THF

Nach dieser Berechnung liegt die optimale Trainingsherzfrequenz zwischen 140 und 166 Schlägen pro Minute.

Effektiv trainieren

Wer besonders effektiv trainieren will, sollte sich am Wert der Karvonenformel orientieren. Doch Vorsicht: Es ist besser, sich zu unterfordern als zu überfordern. Zwar mindert es den Erfolg, wenn Sie unter dem Optimalpuls arbeiten. Schnellt die Herzfrequenz jedoch über den errechneten Wert, kann dies nicht nur den Trainingserfolg, sondern auch Ihre körperliche Gesundheit negativ beeinträchtigen.

info:

MHF	60 %	65 %	70 %	75 %	80 %	85 %	90 %
200	120	130	140	150	160	170	180
195	117	127	137	146	156	166	176
190	114	124	133	143	152	162	171
185	111	120	130	139	148	157	167
180	108	117	126	135	144	153	162
175	105	114	123	131	140	149	158
170	102	111	119	128	136	145	153
165	99	107	116	124	132	140	149
160	96	104	112	120	128	136	144

Energiezone – was ist das?

Beim Indoor-Cycling kommt es nicht nur auf die Trainingsintensität an, sondern auch darauf, wie lange Sie in der jeweiligen Belastungszone fahren. Dabei werden drei Zonen unterschieden:

- Die Regenerationszone (auch ReKom) zur Erholung und Wiederherstellung,
- die aerobe Grundlagenausdauerzone GA 1 zum Erhalt der Grundlagenausdauer sowie zur Aktivierung und Ökonomisierung des Stoffwechsels,
- GA 2 zur Aktivierung der Grundlagenausdauer.

ReKom-Training

Der Begriff »ReKom« setzt sich zusammen aus »Regeneration« (etwa nach einem harten Training oder Krankheit) und »Kompensation« (zum Festigen der Leistung).

In der Ruhe liegt die Kraft

Das Fahren in der ReKom-Zone ist die leichteste Trainingsform. Anfangs kann es daher durchaus scheinen, als würden Sie nicht hart genug trainieren. Lassen Sie sich davon aber nicht dazu verleiten, die Intensität zu steigern. Denn gerade weil während des ReKom-Trainings in einem so geringen Intensitätsbereich »geradelt« wird, bedarf es einer großen Disziplin, um die Zielzone über die gesamte Trainingsdauer durchzuhalten. Und so geht's:

- Trittfrequenz (Musikgeschwindigkeit) 80 bis 90 rpm (siehe Seite 25),
- vor allem flache Fahrten,
- permanente Trainingsherzfrequenz von 50 bis 65 Prozent (leichter Widerstand),
- 20 bis maximal 30 Minuten Dauer,
- abschließend ausgiebiges Stretching (siehe Seite 38 ff.).

info:

Dauer des Trainings

ReKom: 15–30 Minuten bei bis zu 65 % MHF

GA 1: 30–90 Minuten bei 65–75 % MHF

GA 2: 20–60 Minuten bei 75–85 % MFH

Fatburner-Training

Auch wenn Sie beim Ausdauertraining grundsätzlich Fett verbrennen: Mit zunehmender Intensität verschieben sich die Anteile, wie viel Fett, Kohlenhydrate und Eiweiß abgebaut wird – leider zu Lasten des Fettanteils. Je stärker also die Belastung ist, desto geringer ist auch die Fettverbrennung.

So pushen Sie den Fettstoffwechsel

Eine weit verbreitete Meinung besagt, dass der Fettstoffwechsel dann auf Hochtouren läuft, wenn bei 65 Prozent der maximalen Herzfrequenz trainiert wird. Und tatsächlich verbrennen Sie bei dieser Intensität prozentual

gesehen am meisten Fett. Da jedoch insgesamt sehr wenig Energie verbraucht wird, sinkt auch die Zahl der verbrauchten Fett-Kalorien. Und wo bleibt der Spaß am Sport? Sie müssten die gesamte Trainingseinheit lang eine flache Strecke fahren und die ganze Zeit im Sattel bleiben – und das bei jedem Training.
Wenn Sie dagegen mit einer Intensität von 65 und 75 Prozent (GA 1) Ihrer maximalen Herzfrequenz fahren, haben Sie einen hohen Energiebedarf, einen sehr ökonomischen Fettstoffwechsel und gleichzeitig bedeutend mehr Möglichkeiten, das Training zu gestalten. Folgendes Beispiel macht den tatsächlichen Fettverbrauch deutlich:

➤ Wenn Sie eine Stunde bei 65 Prozent der maximalen Herzfrequenz trainieren, verbrauchen Sie etwa 200 Kalorien, wovon der Fettanteil 50 Prozent beträgt. Sie haben also 100 Fett-Kalorien verbrannt – nicht gerade eine hervoragende Bilanz.

➤ Fahren Sie dagegen eine Stunde zwischen 65 und 75 Prozent, steigt Ihr Verbrauch auf bis zu 400 Kalorien. Zwar beträgt der Fettanteil nur noch 45 Prozent, dennoch haben Sie insgesamt 180 Fett-Kalorien verbrannt – 80 Prozent mehr. Ein weiterer Vorteil: In der so genannten Nachbrennphase verbraucht der Körper auch dann noch (Fett-)Kalorien, wenn Sie das Training schon längst wieder beendet haben.

Grundlagenausdauertraining

Sich zu fordern, ohne sich dabei zu überlasten, sich wohl fühlen und dabei auch auch noch gute Ergebnisse erzielen? Der Schlüssel zum Erfolg heißt Sauerstoff. Nehmen Sie genug davon auf – trainieren Sie also aerob –, verbessert sich die Grundlagenausdauerleistung, und die Fettverbrennung läuft wie am Schnürchen. Aus diesem Grund sollten Sie den Großteil Ihres Trainings in diesem Bereich

Mit gezieltem Training macht Indoor-Cycling doppelt Spaß!

absolvieren – entweder in der Grundlagenausdauerzone 1 (GA 1) mit einer Herzfrequenz von 65 bis 75 Prozent oder in der Grundlagenausdauerzone 2 (GA 2) bei 75 bis 85 Prozent der maximalen Herzfrequenz.
Ein ideales Grundlagenausdauertraining zeichnet sich dadurch aus, dass Sie permanent im angegebenen Bereich arbeiten – sowohl bergauf als auch auf Flachetappen. Sie können dabei alle Profile im Sitzen und im Stehen fahren.

Die Musik – Training im Takt

Mit Musik fällt vieles leichter, auch Sport. Außerdem haben Sie beim Training mit den passenden Rhythmen einfach mehr Spaß und bleiben am Ball. Wenn Sie im Fitnessstudio an einem Indoor-Cycling-Kurs teilnehmen, trifft der Instructor die Musikauswahl. Wer jedoch zu Hause trainieren möchte, kann sich seine eigene Trainingsmusik zusammenstellen.

Musik beeinflusst Ihre Motivation

Musik löst in uns die unterschiedlichsten Empfindungen aus. Umso besser also, dass es für jeden Geschmack und für jeden Anlass eine große Auswahl an Titeln gibt. So können Sie auch beim Indoor-Cycling das Programm auf Ihre Vorlieben, Ihre aktuelle Tagesform und Ihr Trainingsziel abstimmen.

Hat Sie das Indoor-Cycling-Fieber gepackt, lohnt es sich, ein paar CDs zusammenzustellen. So haben Sie für jedes Training die richtige Musik.

Sie selbst sind der DJ

Natürlich hängt die Auswahl der Musik sehr stark von Ihrer Persönlichkeit ab. Trotzdem sollten Sie beachten, dass sich die Geschwindigkeit der Musik wesentlich auf den Erfolg Ihres Trainings auswirkt. Ist das Tempo zu hoch, schnellt Ihre Herzfrequenz sehr rasch nach oben, und Ihre Beinmuskulatur verliert die Kontrolle – einseitiges Pedalieren oder Auf-dem-Sattel-Hopsen können mögliche Folgen sein. Ist die Musik dagegen zu langsam, erscheint eine Steigung unglaublich steil und schwer – zudem fällt die Herzfrequenz so stark ab, dass die Zielzone unterschritten und dadurch der Trainingserfolg in nicht unerheblichem Maß gemindert wird.

Rhythmisch ans Ziel

Stimmen Sie die Musikauswahl deshalb immer auf Ihr Trainingsziel ab: sowohl was die Geschwindigkeit eines Stücks betrifft als auch die Emotionen, die es bei Ihnen auslöst. Langsame Titel animieren eher zu kraftintensiven Bergfahrten, schnellere und fröhliche Songs eher zu zügiger Fahrweise. Sentimentale Titel eignen sich hervorragend zum entspannten Dahinfahren und Träumen.

Kleine Musiklehre

Für ein lustvolles Training ist also der richtige Beat extrem wichtig. Dieser Begriff bezeichnet die Geschwindigkeit der Musik, die in »beats per minute« (Taktschläge pro Minute) – kurz bpm – gemessen wird. Um den Beat zu ermitteln, zählen Sie 60 Sekunden die Zahl der Taktschläge. So erkennen Sie, zu welcher Fahrweise das Stück passt.

Musik- und Trittgeschwindigkeit

»Ist das jetzt ein Stück für eine Bergfahrt oder für die Ebene?« Man kann schon ganz schön ins Schleudern kommen, wenn man ohne jeden Anhaltspunkt versucht, ein Musikstück richtig einzuordnen. Dabei besteht zwischen dem Musiktempo (bpm) und der Trittfrequenz (rpm = rounds per minute, also Kurbelumdrehungen pro Minute) eine direkte Beziehung. Denn die Musik gibt genau vor, in welchem Tempo Sie in die Pedale treten. Dazu werden die Taktschläge im Verhältnis 1:1 oder 2:1 in Kurbelumdrehungen umgesetzt. Auf diese Weise kann ein- und dasselbe Stück für unterschiedliche Trainingstempi verwendet werden. Ein Beispiel:

- Ein Stück mit 100 bpm ergibt bei einem Verhältnis von 1:1 (eine Kurbelumdrehung pro Taktschlag) 100 rpm – ideale Flachfahrt.
- Bei einem Verhältnis von 1:2 (also nur eine einzige Kurbelumdrehung auf zwei Taktschläge) errechnen sich bei demselben Stück 50 rpm. Das Tempo sinkt also – langsame Bergfahrt.

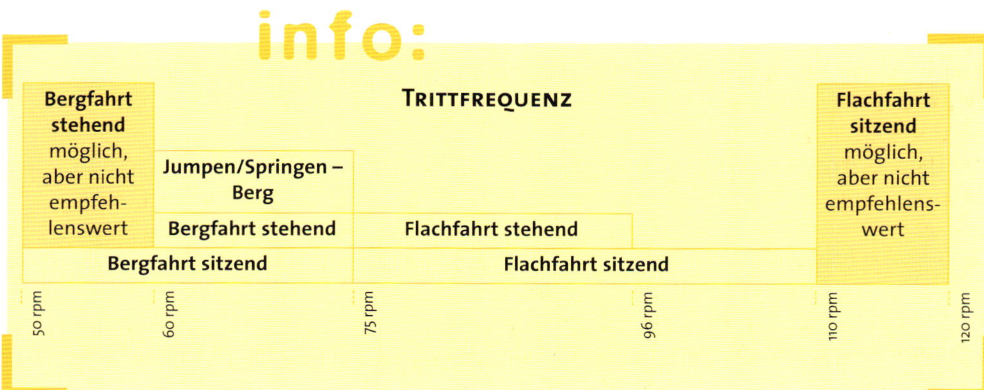

Die besten Trainings-programme

Fit mit jedem Tritt

Kennen Sie Ihr Trainingziel? Dann nichts wie rauf aufs Bike. Mit dem ausgeklügelten Vier-Wochen-Plan erzielen auch Einsteiger schnell erste Erfolge. Damit Sie richtig fit werden, sollten Sie auch auf ein kurzes Warm-up und Cool-down mit abschließendem Stretching nicht verzichten. Das bringt viel, ebenso wie eine ausgewogene Ernährung.

Das persönliche Training

Ebenso wichtig wie der Spaß an der Bewegung ist auch das Erreichen des persönlichen Trainingsziels. Denn nur der Erfolg sichert die Motivation auch über einen längeren Zeitraum hinweg. Das Problem: Wie so viele Ausdauersportler verlassen sich auch Indoor-Cycler meist allein auf ihr Gefühl und trainieren ohne einen Plan, der auf ihre individuellen Bedürfnisse abgestimmt ist. Sie starten zwar mit vielen guten Vorsätzen und sind (zumindest anfangs) extrem motiviert. Da sich der gewünschte Erfolg jedoch nicht einstellt, geben sie das Training über kurz oder lang wieder auf. Das muss nicht sein.

Der Weg zum Erfolg

Wenn Sie Ihr Trainingsziel erreichen und auf Dauer am Ball bleiben wollen, sollten Sie auf zwei Dinge nicht verzichten: Trainingsplanung und Trainingssteuerung. Der erste Schritt dazu ist ein klar definiertes Trainingsziel, etwa nach dem Motto: »Ich will meine Ausdauer verbessern« oder »Ich will abnehmen«. Nach diesem Wunsch wird dann der persönliche Trainingsplan gestaltet. Natürlich müssen Sie diesen nicht sklavisch verfolgen – das würde auch den Spaß mindern. Aber ein gewisses Maß an Disziplin ist schon nötig, wenn das Training Wirkung zeigen soll.

tipp:

Schritt für Schritt

Wenn Sie sich zu viel auf einmal vornehmen, ist das Training nur selten von Erfolg gekrönt. Definieren Sie daher immer nur ein Ziel, das Sie als Nächstes erreichen wollen. Sobald sich der Erfolg einstellt, können Sie dann in einem zweiten Schritt das nächste Ziel angehen und den Trainingsplan dafür noch einmal neu konzipieren.

Gewicht reduzieren

Wie jede Ausdauersportart ist auch Indoor-Cycling ein toller Fatburner und eignet sich daher sehr gut zur Gewichtsreduktion. Damit Sie abnehmen, müssen Sie jedoch in einem anderen Herzfrequenzbereich trainieren als beim reinen Ausdauertraining. Wenn Sie in der Fettstoffwechselzone arbeiten wollen, wählen Sie einen Herzfrequenzbereich von 65 bis 75 Prozent der maximalen Herzfrequenz.

Ausdauertraining

Wer eine gute Ausdauer hat, kommt im Alltag weniger schnell aus der Puste, ist leistungsfähiger und gesünder. Um die Grundlagenausdauer zu verbessern, ist ein gezieltes Training bei unterschiedlichen Herzfrequenzen nötig. Von zehn Trainingseinheiten im Hauptteil sollten acht im Bereich zwischen 65 und 75 Prozent gefahren werden. Bei zwei Einheiten darf die Herzfrequenz dann höher ansteigen – bis zu 85 Prozent.

Die drei wichtigsten Trainingsbestandteile

Zu einem effektiven Training gehören neben dem Hauptteil auch Warm-up und Cool-down. Diese beiden Einheiten dürfen Sie auch dann nicht vernachlässigen, wenn Sie nur wenig Zeit zum Trainieren haben. Denn wenn Sie sich nicht aufwärmen beziehungsweise abkühlen, mindert das nicht nur den Erfolg des Indoor-Cycling-Programms, es kann sogar negative Folgen für Ihre Gesundheit haben.

Warm-up – der sanfte Start

Egal, welches Trainingsziel Sie verfolgen und auf welche Weise Sie Ihren Hauptteil gestalten: Das Warm-up ist bei jeder Trainingseinheit absolut unverzichtbar. In der Aufwärmphase wird der gesamte Organismus sanft auf die darauf folgende Belastung vorbereitet, wodurch Verletzungen vorgebeugt und die Leistungsfähigkeit gesteigert wird. Leider schenken viele Sportler dem Warm-up noch immer nicht die Bedeutung, die ihm eigentlich zukommen sollte. Denn eine ungenügende oder gar fehlende Aufwärmphase wirkt sich nicht nur negativ auf das gesamte Indoor-Cycling-Training aus, sondern auch auf das Erreichen des Trainingsziels.

info:

Zwei feste Einheiten

Warm-up und Cool-down sind feste Größen, die Sie unabhängig vom Programm im Hauptteil stets nach demselben Schema durchführen sollten. Im Hauptteil können Sie dann die Trainingsvarianten verändern. Ganz wichtig: Nach einem besonders intensiven Hauptteil empfiehlt es sich, das Cool-down auf eine Viertelstunde auszuweiten, damit sich der Körper ausreichend erholen kann.

Richtig aufwärmen

Ihr Körper benötigt mindestens acht bis zehn Minuten, um die Voraussetzungen für eine effektive Trainingseinheit zu schaffen. In dieser Zeit erwärmt sich zum Beispiel die Muskulatur, das Herz-Kreislauf-System wird aktiviert, und die Gefäße öffnen sich. So wärmen Sie sich auf:

- Starten Sie mit einer Flachfahrt im Sitzen.
- Fahren Sie unter einer leichten Belastung bei 65 bis 70 Prozent der maximalen Herzfrequenz.
- Die ideale Trittfrequenz (Musikgeschwindigkeit) liegt bei 80 bis 100 rpm.
- Fahren Sie sich zum Ende auf die Untergrenze der Belastungsherzfrequenz ein (ca. 70 Prozent der maximalen Herzfrequenz).

Der Hauptteil

Ist der Körper aufgewärmt, können Sie voller Energie ins eigentliche Training einsteigen. Nun haben Sie alle Möglichkeiten, die das Indoor-Cyc-

Jumpen bringt Abwechslung in den Hauptteil: Po hoch ...

... und wieder auf den Sattel. Das Ganze etwa fünf- bis achtmal.

ling bietet – nutzen Sie sie. Sie können zum Beispiel ein variantenreiches Profil fahren, bei dem sich Flach- und Bergetappen abwechseln. Oder Sie wählen ein Energiezonentraining, dessen Schwerpunkt in der Regel auf der Fettverbrennung liegt.

Cool-down – Balsam für Körper und Geist

Zum Abschluss der Indoor-Cycling-Stunde sollten Sie sich fünf bis zehn Minuten Zeit nehmen, in denen Ihr Körper in den »Normalzustand« zurückkehren kann. Dabei wird die Herzfrequenz langsam wieder abgesenkt, und die Gefäße können sich wieder zusammenziehen. Und so geht's:

- Fahren Sie eine flache Strecken im Sitzen.
- Arbeiten Sie gegen leichten bis sehr leichten Widerstand.
- Senken Sie die Belastung stufenweise auf unter 65 Prozent Ihrer maximalen Herzfrequenz.
- Die ideale Trittfrequenz beträgt 80 bis 90 rpm.

Stretching

Beenden Sie das Cool-down mit den Stretchingübungen von Seite 38 ff., bei denen Sie alle beanspruchten Körperpartien ausgiebig dehnen. Eine mentale Entspannungs- und Atemübung (siehe Kasten unten) stimmt Sie perfekt darauf ein.

tipp:

ENTSPANNENDE ATEMÜBUNG

1. Steigen Sie vom Rad und stellen Sie sich mit in doppelter Hüftbreite gegrätschten Beinen aufrecht hin. Die Fußspitzen zeigen leicht nach außen, die Knie sind etwas gebeugt. Die Arme hängen locker herab.

2. Führen Sie nun die Arme in einer ruhigen Kreisbewegung nach oben und atmen Sie dabei bis tief in den Bauch.

3. Während Sie ausatmen, senken Sie die Arme in einer harmonischen Bewegung wieder nach unten. Insgesamt fünfmal.

Trainingsplanung – weniger ist mehr

Das Problem kennen viele Indoor-Cycler: Sie trainieren viel und hart, doch das Ziel scheint weiter entfernt denn je. In den meisten Fällen sind verschiedene Faktoren für diesen Misserfolg verantwortlich:

- zu wenig Regeneration (Stress für den Körper),
- zu viel Belastung (im Beruf und beim Sport),
- zu hartes Training (hohe Intensität).

Auch wenn sich alle drei Faktoren gegenseitig beeinflussen, verdient doch jeder von ihnen besondere Aufmerksamkeit.

Der Körper braucht Erholung

Die Regeneration ist ein elementarer Bestandteil des Ausdauertrainings. Denn nur wenn Sie ausreichend erholt sind, können Sie Ihre Kraft während des Trainings voll einsetzen und die positive Auswirkung – die so genannte Trainingsanpassung – für sich verzeichnen.
Es bringt Sie keinen Schritt näher ans Ziel, wenn Sie verbissen trainieren und sich bis zur Erschöpfung verausgaben. Hören Sie stattdessen auf Ihre innere Stimme. Wenn Ihr Körper sich nicht nach einem (anstrengenden) Training sehnt, dann sollten Sie auch Rücksicht darauf nehmen. Betrachten Sie die »aktive Regeneration« als eine vollständige Trainingseinheit, nicht als zeitraubendes Anhängsel.

tipp:

Der Weg ist das Ziel

Eine einzelne Trainingsstunde führt nicht zum Erfolg. Nur wenn Sie sie als Bestandteil einer Summe von Einheiten betrachten, kommen Sie Ihrem Ziel näher. Planen Sie daher immer mehrere Einheiten in Ihr Trainigskonzept ein.

Entspannung für Einsteiger

Die Ausnahme bestätigt die Regel: Wenn Sie erst mit dem Indoor-Cycling begonnen haben, sollten Sie »aktive Regenerationsphasen« besser meiden. Denn der Körper ist noch nicht ausreichend trainiert, weshalb sich diese Entspannnungsform eher belastend auswirkt. Lassen Sie stattdessen zwischen den einzelnen Cyclingstunden rund 72 Stunden vergehen, und trainieren Sie nur etwa alle drei Tage. In der Zwischenzeit sollte sich der Körper völlig entspannen, weshalb auch von anderen sportlichen Belastungen abzuraten ist.

Trainierte

Nach etwa zwei Monaten regelmäßigen Trainings können Sie sich einmal wöchentlich eine aktive Regenerationspause zwischen den Trainingseinheiten gönnen. Planen Sie dazu ein ReKom-Training ein (siehe Seite 22), oder gehen Sie in die Sauna. Vergessen Sie jedoch nicht, dass Sie auch info:

MACHEN SIE MAL PAUSE

Übertraining ist kein Phänomen von Hochleistungssportlern, sondern gerade im Fitnesssport weit verbreitet. Bedenken Sie, dass Sie einem arbeitsreichen Tag Tribut zollen müssen. Wenn Sie das Gefühl haben, dass gar nichts mehr geht, sollten Sie auf jeden Fall darauf verzichten, aufs Bike zu steigen. Überprüfen Sie auch Ihr Trainingspensum. Denn Unlust und Schlappheit sind oft erste Anzeichen eines zu harten oder auch zu häufigen Trainings, das den Körper mit der Zeit stark belastet.

als Nicht-Anfänger freie Tage brauchen. Mehr als vier Trainingseinheiten pro Woche sollten es auch bei einem fitten Indoor-Cycler nicht sein – die aktive Regeneration mit eingeschlossen. Denn auch für den trainierten Körper ist eine Auszeit von ungefähr 48 Stunden zu empfehlen, in denen er sich erholen kann.

Fortgeschrittene

Wenn Sie bereits mehr als sechs Monate regelmäßig trainieren, hat sich Ihre Ausdauerleistung maßgeblich gesteigert. Das Ergebnis: Sie fühlen sich fit wie nie. Je nach Zeit und Laune können Sie nun vier bis sechs Trainingseinheiten pro Woche absolvieren, ohne sich dabei schlapp zu fühlen. Auch aktive Regenerationseinheiten gehören jetzt zu Ihrem Pflichtprogramm und sollten durchschnittlich jede vierte bis fünfte Trainingseinheit absolviert werden.

In der Sauna lässt sich die aktive Regenerationspause ganz entspannt genießen. Gleichzeitig wird das Immunsystem gestärkt.

Fit in vier Wochen

Wer mit Indoor-Cycling beginnt, wird sehr schnell die positive Wirkung des Ausdauertrainings feststellen. Man ist einfach fitter und kommt im Alltag weniger schnell aus der Puste. Der morgendliche Sprint zum Bus ist kein Gewaltakt mehr, und anstatt den Lift zu nehmen, schaffen Sie jetzt die Treppen in den vierten Stock problemlos.
Trotz dieser Erfolge sollten Sie sich beim Training nicht von der anfänglichen Euphorie leiten lassen. Besser ist es, nach einem eigens dafür entwickelten Trainingsplan zu arbeiten, um sich nicht auf Dauer zu überfordern.

Der Trainingsplan

Auf der folgenden Doppelseite finden Sie ein Trainingsprogramm speziell für die ersten vier Wochen. Anfangs mögen Ihnen zwei bis drei Cycling-Einheiten wenig erscheinen. Doch es gehört ebenso Disziplin dazu, sich nicht gleich ins Training zu stürzen, wie dabeizubleiben. Ganz wichtig: Verzichten Sie nicht aufs Warm-up und Cool-down, um Ihren Körper langsam an die Belastung heranzuführen.

Die beiden ersten Wochen

Sie sind hoch motiviert und wollen endlich loslegen? Gut, aber halten Sie sich an den nachfolgenden Trainingsplan, damit der Eifer nicht wieder ins Gegenteil umschlägt. Schließlich bedeutet zu viel Belastung auch beim Sport Stress für den Körper. Stimmt das Verhältnis Belastung zu Regeneration nicht, lassen Überlastungserscheinungen und Unlust nicht lange auf sich warten. Wenn also wie im Trainingsplan zwei Trainingseinheiten pro Woche empfohlen sind, planen Sie zwei Trainings- und fünf Ruhetage ein. Während der trainingsfreien Tage sollten Sie auch auf anderen Sport (inklusive Kraftsport) verzichten, sonst kann sich Ihr Körper nicht erholen.

tipp:

FITNESS-CHECK

Ehe Sie mit dem 4-Wochen-Trainigsprogramm beginnen, sollten Sie Ihr Herz-Kreislauf-System von Ihrem Hausarzt checken lassen.

Ein guter Instructor korrigiert Fehler gleich während des Trainings.

Dritte und vierte Woche

Nach zwei Wochen regelmäßigen Trainings sollten sich bereits die ersten kleinen Erfolge einstellen. Sie fühlen sich nicht nur fitter, auch das Sitzen auf dem harten Sattel erscheint weitaus weniger unangenehm als am Anfang, und die Regulierung des Widerstandsreglers fällt Ihnen nun ganz leicht.

Zusätzlich zum Indoor-Cycling können Sie sich ab jetzt ein- bis zweimal in der Woche anderweitig sportlich betätigen. Auf andere Ausdauersportarten (Laufen, Schwimmen) sollten Sie jedoch unbedingt verzichten. Dagegen sind leichtes Krafttraining und sanfte Trainingsformen wie Yoga, Qigong oder Pilates ideal. Einen Saunabesuch zwischen den Trainingseinheiten kann der Körper jetzt ebenfalls schon gut verkraften. Mit Aerobic, Step, Hip-Hop oder ähnlichen Kursen sollten Sie dagegen frühestens in der fünften Woche beginnen.
Und nicht vergessen: Wie gut Ihr Trainingszustand auch ist, zwei bis drei Ruhetage pro Woche sollten Sie Ihrem Körper auf jeden Fall gönnen.

info:

Indoor-Cycling im Fitnessstudio

Immer mehr Fitnessstudios wollen dem Trend folgen und bieten ihren Mitgliedern daher Indoor-Cycling-Kurse an. Der Vorteil des Traininigs im Studio ist eindeutig die Gruppendynamik, die die Motivation extrem fördert. Und unter Anleitung eines ausgebildeten Instructors ist die Stunde ebenso erfolgreich wie beim Training zu Hause. Leider ist es für den Laien jedoch nicht immer zu beurteilen, wie hoch die Qualität eines Angebots ist.

Diese Checkliste soll Ihnen helfen, den richtigen Kurs zu finden.

- **Der Instructor:** Gute Trainer ohne Ausbildung sind eine Ausnahme. In der Regel sollte ein Indoor-Cycling-Instructor über eine adäquate Ausbildung verfügen. Lassen Sie sich die Ausbildungsnachweise zeigen.
- **Die Geräte:** Gut gewartete Bikes erkennen Sie bereits an der Sauberkeit. Es sind keine getrockneten Schweißspuren zu erkennen. Schlecht gewartete Bikes verleiden nicht nur den Spaß am Training, sondern bergen auch ein Unfallrisiko.
- **Die Studio-Organisation:** Viele Clubs schwimmen zwar mit dem Trend, kümmern sich aber nicht um den Bereich Indoor-Cycling. Die Instructoren können machen, was sie wollen, Hauptsache die Kurse sind voll. Gut geführte Clubs haben dagegen mindestens drei bis vier unterschiedliche Indoor-Cycling-Kursarten (z. B. OwnZone, Recovery, Bergstunden), festgelegte Richtlinien über die Gestaltung der unterschiedlichen Kurse, nur ausgebildete Instructoren, und bewerten die Stunden der einzelnen Trainer regelmäßig.

4-Wochen-Trainingsplan

1. Woche

Absolvieren Sie 2 Einheiten mit maximal 15 Minuten im Hauptteil. Fahren Sie nur im Sitzen und auf der Griffposition 2.

Zweck	Dauer in Minuten	Gefühlter Widerstand	Sitz- und Griffvarianten	% MHF	RPM maximal
Warm-up	4–5	ohne	Flachfahrt im Sitzen, Griff 2	60–65	75–80
Warm-up	4–5	mittel	Bergfahrt im Sitzen, Griff 2	60–70	60–70
Hauptteil	**4–5**	**leicht**	**Flachfahrt im Sitzen, Griff 2**	**65–70**	**75–90**
Hauptteil	**4–5**	**mittel**	**Bergfahrt im Sitzen, Griff 2**	**65–75**	**60–75**
Hauptteil	**4–5**	**leicht**	**Flachfahrt im Sitzen, Griff 2**	**65–70**	**75–90**
Cool-down	4–5	ohne	Flachfahrt im Sitzen, Griff 2	unter 65	75–80

2. Woche

Absolvieren Sie 2, höchstens 3 Einheiten mit maximal 20 Minuten im Hauptteil. Fahren Sie nur im Sitzen und auf der Griffposition 2.

Zweck	Dauer in Minuten	Gefühlter Widerstand	Sitz- und Griffvarianten	% MHF	RPM maximal
Warm-up	4–5	ohne	Flachfahrt im Sitzen, Griff 2	60–65	75–80
Warm-up	4–5	mittel	Bergfahrt im Sitzen, Griff 2	60–70	60–70
Hauptteil	**4–5**	**leicht**	**Flachfahrt im Sitzen, Griff 2**	**65–70**	**75–90**
Hauptteil	**4–5**	**mittel**	**Bergfahrt im Sitzen, Griff 2**	**65–75**	**60–75**
Hauptteil	**4–5**	**leicht**	**Flachfahrt im Sitzen, Griff 2**	**70–75**	**75–90**
Hauptteil	**4–5**	**mittel**	**Bergfahrt im Sitzen, Griff 2**	**65–70**	**60–75**
Cool-down	4–5	ohne	Flachfahrt im Sitzen, Griff 2	unter 65	75–80

3. Woche

Absolvieren Sie 2, höchstens 3 Einheiten mit maximal 25 Minuten im Hauptteil. Versuchen Sie bei Bergfahrten stehend zu fahren.

ZWECK	DAUER IN MINUTEN	GEFÜHLTER WIDERSTAND	SITZ- UND GRIFFVARIANTEN	% MHF	RPM MAXIMAL
Warm-up	4–5	ohne	Flachfahrt im Sitzen, Griff 1/2	60–65	75–80
Warm-up	4–5	mittel	Bergfahrt im Sitzen, Griff 2	60–70	60–70
Hauptteil	**4–5**	**leicht**	**Flachfahrt im Sitzen, Griff 1/2**	**65–70**	**75–95**
Hauptteil	**4–5**	**mittel**	**Abwechselnd Bergfahrt im Sitzen und Stehen, Griff 2**	**70–80**	**60–75**
Hauptteil	**4–5**	**leicht**	**Flachfahrt im Sitzen, Griff 2**	**70–75**	**75–100**
Hauptteil	**4–5**	**mittel**	**Bergfahrt im Sitzen, Griff 2**	**70–80**	**50–70**
Hauptteil	**4–5**	**leicht**	**Flachfahrt im Sitzen, Griff 1/2**	**65–70**	**75–95**
Cool-down	6–7	ohne	Flachfahrt im Sitzen, Griff 1/2	unter 65	75–80

4. Woche

Absolvieren Sie 2, höchstens 3 Einheiten mit maximal 30 Minuten im Hauptteil. Versuchen Sie bei Bergfahrten im Stehen die Griffposition 3 zu fahren.

ZWECK	DAUER IN MINUTEN	GEFÜHLTER WIDERSTAND	SITZ- UND GRIFFVARIANTEN	% MHF	RPM MAXIMAL
Warm-up	4–5	ohne	Flachfahrt im Sitzen, Griff 1/2	60–65	75–80
Warm-up	4–5	mittel	Bergfahrt im Sitzen, Griff 2	60–70	60–70
Hauptteil	**4–5**	**leicht**	**Flachfahrt im Sitzen, Griff 1/2**	**65–70**	**75–95**
Hauptteil	**4–5**	**mittel**	**Abwechselnd Bergfahrt im Sitzen, Griff 2 und Stehen, Griff 3**	**70–80**	**60–75**
Hauptteil	**4–5**	**mittel**	**Bergfahrt im Sitzen, Griff 2**	**70–80**	**55–65**
Hauptteil	**4–5**	**leicht**	**Flachfahrt im Sitzen, Griff 2**	**65–70**	**80–100**
Hauptteil	**4–5**	**mittel**	**Bergfahrt im Stehen, Griff 3**	**70–80**	**50–70**
Hauptteil	**4–5**	**leicht**	**Flachfahrt im Sitzen, Griff 1/2**	**65–70**	**75–95**
Cool-down	6–7	ohne	Flachfahrt im Sitzen, Griff 1/2	unter 65	75–80

Trainingsmethoden für Profis

Sie sind gut trainiert, ehrgeizig und suchen Abwechslung und Herausforderung? Dann sind diese Indoor-Cycling-Trainingsmethoden ideal.

Trainieren in der Dauermethode

Die Dauermethode ist besonders gut für das Training in den drei Energiezonen geeignet (siehe Seite 22 ff.). Denn dieses ist nur dann effektiv, wenn Sie nicht zwischen den Zonen wechseln.

Willkürliches Fahrtspiel

Das willkürliche Fahrtspiel ist die wohl verbreitetste Variante der Dauermethode. Es bietet auf den ersten Blick den größten Fun-Faktor, und Extras wie das Jumpen lassen sich gut integrieren. Damit Sie sich nicht überlasten, ist es wichtig, auf die Intensität zu achten. 85 Prozent der maximalen Herzfrequenz sollten nie überschritten werden. Im Anschluss finden Sie ein Programm für ein Fahrtspiel, bei dem Sie über die Dauer von elf Musiktiteln trainieren:

Titel 1: Warm-up, Flachfahrt: 60–65 %
Titel 2: Warm-up, Flachfahrt: 65–70 %
Titel 3: Flachfahrt: 65–75 %
Titel 4: Bergfahrt: 75–85 %
Titel 5: Bergfahrt: 70–80 %
Titel 6: Flachfahrt: 70 %
Titel 7: Bergfahrt: 80–85 %
Titel 8: Flachfahrt: 75–80 %
Titel 9: Flachfahrt: 70–75 %
Titel 10: Cool-down, Flachfahrt: 65–70 %
Titel 11: Cool-down, Flachfahrt: unter 60 %

Mithilfe des Widerstandsreglers lässt sich das Training genau an den persönlichen Fitnesslevel anpassen – ideal für das Training in der Gruppe.

Fettstoffwechseltraining

Der folgende Plan zeigt ein Beispiel für ein Energiezonentraining in der Fettstoffwechselzone:

Titel 1: Warm-up, Flachfahrt: 60–65 %

Titel 2: Warm-up, Flachfahrt: 65–70 %

Titel 3–9: Belastungsbereich, Wechsel Flachfahrt/leichte Bergfahrt: 65–75 %

Titel 10: Cool-down, Flachfahrt: 65–70 %

Titel 11: Cool-down, Flachfahrt: unter 60 %

Intervalltraining

Sind Sie fit, kerngesund und bereits ein Profi auf dem Bike? Klasse, denn für dieses spezielle Training ist eine fundierte Grundlagenausdauer die unbedingte Voraussetzung.
Das Wichtigste: Sie müssen genau darauf achten, in jeder Trainingsphase die vorgeschriebene Zielzone zu erreichen. Anderenfalls bringt das Ganze keinen Erfolg, egal wie sehr Sie sich anstrengen. Ein Intervalltraining sollten auch fitte Indoor-Cycler nur alle drei bis vier Wochen durchführen. Im Anschluss an die Kraft raubende Stunde empfiehlt es sich zudem, das Cool-down zu verlängern und mindestens 25 Prozent der Trainingszeit bei etwa 70 Prozent der maximalen Herzfrequenz zu fahren. Dadurch bringen Sie Ihren Organismus wieder ins Gleichgewicht.

info:

Extensive Intervallmethode:
großer Umfang (Zeit), mittlere Intensität

Belastungsdauer:	2–5 Minuten	
Belastungs-HF:	75–85 % MHF	
Erholungs-HF:	65–70 % MHF	
Verhältnis:	Belastung: 2–3 Minuten = 1:2	
	Belastung: 3–5 Minuten = 1:1	
Beispiel (1:2):	Belastung: 2 Minuten	85 % MHF
	Erholung: 4 Minuten	65–70 % MHF
	Belastung: 2 Minuten	85 % MHF
	Erholung: 4 Minuten	65–70 % MHF
	usw.	

Intensive Intervallmethode:
geringer Umfang (Zeit), hohe Intensität

Belastungsdauer:	30–120 Sekunden	
Belastungs-HF:	80–90 % MHF	
Erholungs-HF:	65–70 % MHF	
Verhältnis:	Belastung: 30–60 Sekunden = 1:3	
	Belastung: 60–120 Sekunden = 1:2	
Beispiel (1:2):	Belastung: 2 Minuten	90 % MHF
	Erholung: 4 Minuten	65–70 % MHF
	Belastung: 2 Minuten	90 % MHF
	Erholung: 4 Minuten	65–70 % MHF
	usw.	

Stretch und Relax

Zum Abschluss des Trainings geht es an den gemütlichen Teil: das Stretching. Leider wird das Stretchen viel zu oft nur als lästiges Begleitprogramm empfunden. Dabei verdient es die gleiche Aufmerksamkeit wie alle anderen Trainingsbereiche auch. Denn während des Indoor-Cyclings zieht sich die beanspruchte Muskulatur zusammen und verkürzt sich. Der Muskeltonus (Vorspannung des Muskels) wird größer, und die Muskulatur wird hart. Durch Stretching wirken Sie dieser Entwicklung entgegen. Gleichzeitig werden die Muskeln entspannt und gelockert. Wenn Sie sich nicht nur nach dem Indoor-Cycling Zeit zum Dehnen nehmen, sondern regelmäßig Extra-Stretching-Einheiten einplanen, können Sie dadurch sogar Ihre Leistungsfähigkeit steigern. Denn je gedehnter die Muskulatur ist, umso »länger« kann sie sich machen – und das steigert wiederum die Aktionsdauer.

tipp:

RUNTER VOM BIKE
Ganz wichtig: Dehnen Sie sich niemals auf dem Bike, sondern steigen Sie zum Stretching immer aus dem Sattel. Sie dehnen effizienter, und das Verletzungsrisiko sinkt.

So dehnen Sie sich richtig

Wer beim Stretchen nicht aufpasst oder sich nicht genug Zeit nimmt, kann einige Fehler machen und sich unter Umständen sogar verletzen. Die Hauptursache hierfür liegt in einer unsauberen und hektischen Ausführung der Übungen. Damit Sie vom Stretching profitieren, gibt es einige wertvolle Tipps:

- Halten Sie den Körper beziehungsweise das Körperteil, das Sie dehnen wollen, gerade; vermeiden Sie Drehungen.
- Bauen Sie die Dehnung langsam auf. Kontrollieren Sie die Bewegung und atmen Sie dabei aus.
- Halten Sie die Dehnung mindestens 10 Sekunden, optimal sind 20 bis 30 Sekunden.
- Halten Sie nicht die Luft an, sondern atmen Sie ruhig und gleichmäßig weiter.
- Konzentrieren Sie sich auf den Dehnreiz und die Muskulatur, die Sie gerade stretchen. Je mehr Sie auf sich achten, desto besser lernen Sie Ihren Körper kennen – und das mindert das Verletzungsrisiko.
- Die Dehnung ganz langsam und kontrolliert lösen, vorzugsweise beim Ausatmen.

Vorsicht Rücken

Der positive Nutzen des Stretchings nach dem »Radeln« ist unumstritten. Nur eine Partie sollten Sie dabei lieber in Ruhe lassen: den oberen Rücken – auch wenn im Fitnessstudio viele Instructoren diese Regel außer Acht lassen. Da jedoch beim Indoor-Cycling die Brustmuskulatur permanent angespannt wird und die Schulterköpfe die ganze Zeit über nach vorn gezogen werden, dehnen Sie einige Rückenmuskeln bereits das gesamte Training über. Weil die Rückenmuskulatur bei den meisten Menschen ohnehin zu schwach ist, kommt es durch zusätzliches Dehnen schnell zu einer Muskeldysbalance (muskuläres Ungleichgewicht), die starke Nacken- und Rückenschmerzen mit sich bringen kann. Um diesem Ungleichgewicht vorzubeugen, sollten Sie nach dem Indoor-Cycling unbedingt die Brustmuskulatur stretchen.

Die besten Übungen

Die größte Aufmerksamkeit beim Dehnen sollte natürlich der beanspruchten Beinmuskulatur gelten. Aber auch Brust, Nacken und Schulter wollen nach dem Training gelockert werden.

Wade (Gastrocnemius)

1. Machen Sie mit dem linken Bein einen Schritt nach vorn und winkeln Sie das Bein an.
2. Strecken Sie das rechte Bein nach hinten und stützen Sie sich mit den Händen auf dem linken Oberschenkel ab. Achten Sie darauf, dass das Becken nicht zur Seite ausweicht und das vordere Knie nicht weiter vorn als die Fußspitze ist.
3. Drücken Sie die rechte Ferse zum Boden, bis Sie die Dehnung in der Wade deutlich spüren.

➤ Halten Sie die Dehnung und wechseln Sie dann zur anderen Seite.

Wade (Soleus)

1. Stellen Sie sich aufrecht hin, und machen Sie mit dem linken Bein einen kleinen Ausfallschritt. Der Körperschwerpunkt liegt über dem rechten Fuß, der Rücken bleibt gerade. Legen Sie die Hände auf den linken Oberschenkel oder stützen Sie sich am Bike ab.
2. Gehen Sie langsam in die Hocke, bis Sie in der rechten Wade eine deutliche Dehnung spüren.

➤ Die Dehnung über die angegebene Zeit halten. Richten Sie sich dann wieder auf, nehmen Sie das rechte Bein nach vorn und dehnen Sie die linke Wade auf die gleiche Weise.

Hüftbeuger

1. Knien Sie sich auf das rechte Bein und stellen Sie das linke Bein nach vorn. Der Oberkörper ist aufrecht, die Hände stützen Sie auf dem linken Knie ab.
2. Schieben Sie das Becken langsam nach vorn, bis die Dehnung im Bereich des Hüftbeugers deutlich zu spüren ist. Vorsicht: Das linke Knie darf dabei nicht über den Fuß hinausragen.

➤ Knien Sie sich anschließend auf das linke Bein und dehnen Sie die andere Seite.

Beinstrecker

1. Stehen Sie aufrecht und mit geschlossenen Beinen. Verlagern Sie das Gewicht auf das linke Bein und gehen Sie ganz leicht in die Knie.
2. Heben Sie das rechte Bein nach vorn an und fassen Sie das Sprunggelenk mit der rechten Hand.
3. Führen Sie den Fuß nach hinten und ziehen Sie ihn zum Po, bis Sie die Dehnung an der Vorderseite des Oberschenkels deutlich spüren.
4. Das Bein wieder nach vorn führen und erst dann den Fuß loslassen.

➤ Anschließend die Seite wechseln und das linke Bein auf die gleiche Weise dehnen.

Beinbeuger

1. Gehen Sie mit dem linken Bein ins Knie und strecken Sie das rechte Bein nach vorn.
2. Setzen Sie die Hände rechts und links auf die Hüfte. Die Daumen zeigen dabei nach innen, die Finger nach außen.
3. Schieben Sie langsam den Po nach hinten, ohne dabei den Oberkörper zu krümmen. Spüren Sie die deutliche Dehnung an der Rückseite des rechten Beins.

➤ Die Dehnung halten und dann die Seite wechseln.

Brust

1. Sie stehen aufrecht. Die Beine sind etwa in doppelter Schulterbreite gegrätscht, die Fußspitzen zeigen leicht nach außen. Wirbelsäule, Hals und Kopf bilden eine Linie.
2. Strecken Sie die Arme etwa in Schulterhöhe zur Seite und winkeln Sie sie leicht an. Die Handflächen zeigen dabei nach oben.
3. Ziehen Sie beide Arme in einer ruhigen Bewegung weit nach hinten, bis Sie ein deutliches Dehnen im Brustbereich spüren. Atmen Sie dabei gleichmäßig weiter.

Nacken und Schulter

1. Bleiben Sie im doppelt schulterbreiten Stand. Die Fußspitzen sind noch immer leicht nach außen gedreht. Die Arme hängen seitlich herab.
2. Neigen Sie den Kopf ohne ihn dabei zu drehen nach links (Ohr zur Schulter).
3. Drücken Sie gleichzeitig die rechte Hand nach unten. Spüren Sie die Dehnung am rechten Hals-, Nacken- und Schulterbereich.

➤ Anschließend Kopf nach rechts neigen und den linken Arm nach unten drücken.

tipp:

STRECHTING-DON'TS

Folgende Dinge sollten Sie beim Stretchen auf keinen Fall tun, da es sonst mehr schadet als wohltut.

➤ Vermeiden Sie unkontrollierte, hektische Bewegungen, die leicht zu Verletzungen führen können.

➤ Dehnen Sie nicht so intensiv, dass der Muskel zu zittern beginnt. Gehen Sie immer nur so weit in die Dehnung, dass es noch gut tut. Wenn es schmerzt, dann stimmt die Position nicht.

➤ Halten Sie den Rücken bzw. die Wirbelsäule immer aufrecht. Vermeiden Sie Übungen, bei denen Sie sich weit nach vorn beugen oder den Rücken krümmen.

➤ Dehnen Sie nicht zu kurz. Wenn Sie die Spannung weniger als acht Sekunden halten, verliert die Übung an Wirkung. Eine Dehnung sollten Sie mindestens 10 – besser noch 30 Sekunden – halten. Nur so entspannt sich der Muskel, und Sie erreichen den gewünschten Effekt.

Richtig essen, optimal trainieren

Natürlich ist es immer ratsam, sich ausgewogen und kalorienarm zu ernähren. Doch gerade wenn Sie Sport treiben, kommen Sie um das Thema einfach nicht herum. Denn der Energiebedarf des Körpers ist zwar umso höher, je mehr Sie sich bewegen. Doch wer abnehmen will, darf die verbrauchten Kalorien nicht einfach draufschlagen. Denn nach wie vor gilt die alte Regel: Sie müssen mehr Energie (Kalorien) verbrauchen, als Sie zu sich nehmen.

Abnehmen mit Vernunft

Wer sich gesund ernährt, will in der Regel drei Dinge erreichen: seine Leistung steigern, Fett reduzieren und gleichzeitig die Muskulatur kräftigen beziehungsweise erhalten. Der Weg zum Ziel ist meist lang und sollte auf keinen Fall dadurch beschleunigt werden, dass Sie sich selbst kasteien. Denn immer auf alles zu verzichten schränkt zwar auch die Kalorien, in erster Linie aber die Lebenslust ein. Vergessen Sie nicht, dass es meist Monate oder gar Jahre gedauert hat, sich die überflüssigen Pfunde anzufuttern. Klar, dass sie auch nicht von einem Monat auf den anderen wieder verschwinden. Lassen Sie also die Finger von so genannten Blitzdiäten und setzen Sie stattdessen auf eine ausgewogene Mischkost.

Eine ausgewogene Ernährung

Unsere Nahrung besteht aus den Bausteinen

- Kohlenhydrate (den kurzfristig verfügbaren Energiespendern),
- Eiweiß (zum Muskelaufbau und -erhalt, mittelfristig verfügbarer Energiespender),
- Fett (langfristig verfügbarer Energiespender, den wir leider fast unbegrenzt speichern können).

info: Die Sache mit dem GLYX

Wäre es nicht toll, wenn wir den gesamten Tag über Fett verbrennen könnten – sogar beim Autofahren oder im Büro? Der Schlüssel zu diesem Geheimnis heißt »glykämischer Index«, kurz GLYX. Haben Lebensmittel einen hohen glykämischen Index (z.B. Weißmehlprodukte, Zucker, Kartoffeln), kommt es zu einer erhöhten Insulinausschüttung. Der Nachteil dieser biochemischen Reaktion: Der steigende Insulinspiegel hemmt die Fettverbrennung. Die Fettzellen bleiben zwar weiterhin »geöffnet«, schließen jedoch ihren »Ausgang«. Dadurch wird einerseits die Fetteinlagerung erleichtert, während sich andererseits der Fettabbau drastisch reduziert. Je weniger Produkte mit hohem GLYX Sie dagegen essen, desto höher ist der Anteil der Fette in der Verbrennung – und zwar über den ganzen Tag. Achten Sie daher auf komplexe Kohlenhydrate wie in Vollkornprodukten, Obst und Gemüse.

Guter Start in den Tag: ein Müsli mit vielen frischen Früchten.

Morgens: Kohlenhydrate

Damit Sie morgens voll Power in den Tag starten, sollten Sie eine kohlenhydratreiche Mahlzeit wählen. Ideal sind Vollkornbrot mit weniger als 30 Prozent Weizenmehl, belegt mit magerer Wurst, magerem Käse oder Magerquark und zuckerreduzierter Marmelade. Auch Haferflocken oder ungezuckertes Müsli mit wenig Trockenfrüchten (reich an Zucker) und Nüssen (enthalten viel Fett) bringt viel Energie und Schwung für den Tag. Dazu gibt es fettarme Milch oder Joghurt. Frisches Obst liefert neben komplexen Kohlenhydraten gleich noch eine Extraportion Vitamine. Nur bei Bananen sollten Sie sich zurückhalten. Sie sind zwar besonders energiereich, haben aber als eine der wenigen Obstsorten auch einen hohen GLYX (siehe Kasten links).

Mittags: zu gleichen Teilen Kohlenhydrate und Eiweiß

Eine Kombination aus Kohlenhydraten und Eiweiß liefert genug Energie, auch die zweite Hälfte des Tages gut über die Runden zu bringen. Ideal fürs Mittagessen sind deshalb Vollkornnudeln beziehungsweise -reis oder Pellkartoffeln mit Ei, magerem Fleisch, Geflügel oder Fisch. Wenn Sie keine Zeit oder Möglichkeit haben, warm zu essen, tut es auch ein Vollkornsandwich mit Rohkost, magerem Käse oder Putenbrust.

Abends: Eiweiß

An dieser Stelle soll zunächst mit einem alten Irrglauben aufgeräumt werden. Es stimmt nämlich nicht, dass Sie nach 19 Uhr nichts mehr essen dürfen. Denn dem Körper ist es egal, wann Sie essen – solange Sie Ihr Kalorienkontingent nicht überschreiten. Allerdings sollten Sie auf alle Nahrungsmittel, die besonders fett oder schwer verdaulich sind (dazu zählt auch Rohkost), besser verzichten und solche Nährstoffe wählen, die den Körper bei seiner nächtlichen Regeneration unterstützen und ihm helfen, sich optimal auf den nächsten Tag vorzubereiten. Optimal sind ein bis zwei Scheiben Vollkornbrot mit weniger als 30 Prozent Weizenmehl, Fisch, mageres Geflügel oder Rindfleisch sowie magerer Käse. Sie enthalten reichlich Eiweiß, das den Körper nicht belastet und außerdem als ein so genannter Fatburner Hormone aktiviert, die auch im Schlaf noch Fett abbauen.

Die Waage verrät, wie viel Sie nach dem Training trinken müssen.

Snacks für zwischendurch

Um Heißhungerattacken zu vermeiden, sollten Sie vor- und nachmittags zwischendurch eine Kleinigkeit essen, zum Beispiel Obst oder magere Milchprodukte. Kaffee oder süße Snacks (Schokolade, Gebäck, Riegel) pushen dagegen nur kurze Zeit und lassen den Körper anschließend gleich wieder in ein Formtief fallen. Ganz wichtig: Achten Sie bei Obst auf den Zuckergehalt. Je süßer die Früchte sind (etwa Trauben), desto höher ist ihr GLYX.

Trinken – das A und O

Der menschliche Körper besteht zu 70 Prozent aus Wasser. Aus diesem Grund müssen Sie immer genug Flüssigkeit zu sich nehmen: pro Kilogramm Körpergewicht rund 40 Milliliter. Gerade Frauen sind jedoch oft »trinkfaul« und decken nicht einmal ihren normalen Tagesbedarf an Flüssigkeit. Wenn Sie jetzt noch schweißtreibenden Ausdauersport machen, kommen Sie schnell in ein Flüssigkeitsdefizit. Beim Indoor-Cycling beispielsweise verlieren Sie bei einer Stunde im Bereich GA 1 oder 2 rund einen Liter Flüssigkeit. Genau diese Menge müssen Sie dem Körper wieder zuführen. Wenn Sie unsicher sind, wie viel Flüssigkeit Sie auffüllen müssen, wiegen Sie sich unmittelbar vor und nach einer Trainingseinheit. Anhand der Gewichtsdifferenz sehen Sie genau, wie viel Wasser Sie verloren haben (100 Gramm = 100 Milliliter).

Ganz wichtig: Da unser Körper sich nach dem Training nicht sofort wieder auf den normalen Stoffwechsel umstellen kann, müssen Sie ihm auch nach dem Sport noch einmal eine große Extraportion Flüssigkeit zuführen.

Das richtige Getränk

Mit der Flüssigkeit gehen auch wichtige Mineralstoffe und Spurenelemente verloren. Wenn dieser Mangel nicht wieder ausgeglichen wird, büßt der Körper an Leistungsfähigkeit ein; Verletzungsrisiko und Infektionsgefahr steigen. Mindestens genauso gut wie Sportler- oder Iso-Drinks ist Apfelschorle, bei der auf einen Teil Apfelsaft zwei Teile natrium- und magnesiumreiches Mineralwasser kommen. Wenn es unbedingt ein Spezialtrunk sein soll: Bevorzugen Sie Produkte ohne Zuckerzusatz (die meisten Drinks enthalten viel zu viel Zucker) und dosieren Sie bei Pulverdrinks das Pulver niedriger als empfohlen.

Essen vor und nach dem Training

Vor dem Indoor-Cycling sollte der Körper nicht unnötig belastet werden. Allerdings ist es weder gesund noch leistungsfördernd, hungrig zu trainieren. Am besten ist es daher, eineinhalb bis zwei Stunden vorher einen Happen zu essen. Zu ballaststoffreich sollte der Snack nicht sein, sonst muss Ihr Bauch während des Trainings Schwerstarbeit leisten. Ideal geeignet sind dagegen Eierspeisen, Joghurt und andere magere Milchprodukte. Nach dem Training dürfen Sie dann richtig essen (viel Eiweiß, wenig Fett).

Ein Snack auf dem Bike

Wenn Sie länger als 60 Minuten trainieren, ist die Nährstoffzufuhr nicht nur vor, sondern auch während des Indoor-Cyclings wichtig. Doch gerade auf dem Bike kommt es auf eine gute Verwertbarkeit an. Ein geschälter (!) Apfel beispielsweise ist leicht verdaulich, liefert viel Energie und hat noch dazu einen niedrigen glykämischen Index. Darüber hinaus gibt es im Handel und im Fitnessstudio zahlreiche Energieriegel, die extra für den Ausdauersport entwickelt wurden. Doch sie enthalten in der Regel sehr viel Zucker und haben dementsprechend einen hohen GLYX. Wenn Sie also die Wahl haben, geben Sie besser Obst den Vorzug.

Nahrungsergänzungsmittel

Die Wirksamkeit von Nahrungsergänzungsmitteln ist umstritten, und mittlerweile glauben viele, dass die Produkte vor allem einem dienen: dem Hersteller. Tatsächlich kann, wer sich ausgewogen, vitamin- und ballaststoffreich ernährt, getrost auf Vitaminpillen und Co. verzichten. Doch vielen fällt es in unserer hektischen Fast-Food-Gesellschaft schwer, dem Körper das zu geben, was er braucht. Vor allem in Lebensphasen, in denen wir extremen Belastungen ausgesetzt sind – sei es beruflicher oder privater Natur – ist daher ein hochwertiges Mineralstoff- und Vitaminpräparat sinnvoll. Auch einige Ausdauersportler schwören auf die Zusatzportion Nährstoffe. Vergessen Sie aber nicht, dass die einzelnen Wirkstoffe in den Präparaten nicht dieselbe positive und intensive Wirkung auf Gesundheit und Fitness haben wie der Verbund im natürlichen Lebensmittel.

tipp:

WENIGER IST MEHR

Nicht nur das Was, sondern auch das Wieviel ist entscheidend für die richtige Ernährung. Hunger und Völlegefühl sind die beiden Extreme, schließlich sollen Sie sich nach dem Essen richtig wohl fühlen. Um zu kontrollieren, ob und wann Sie tatsächlich satt sind, legen Sie zwischendurch das Besteck immer wieder für ein paar Minuten aus der Hand.

Gesucht – gefunden

Buchtipps

Indoor-Cycling

Froböse, Ingo/Waffenschmidt, Siw: Trainingsbuch Indoor Cycling; Rowohlt Verlag, Reinbek bei Hamburg

Radsport

Grosser, Manfred/Starischka, Stephan/Zimmermann, Elke: Das neue Konditionstraining; BLV Verlag, München

Hottenrott, Kuno/Zülch, Martin: Ausdauertraining Radsport; Rowohlt Verlag, Reinbek bei Hamburg

Konopka, Peter: Richtig Rennradfahren; BLV Verlag, München

Konopka, Peter: Radsport; BLV Verlag, München

Lindner, Wolfram: Radsporttraining; BLV Verlag, München

Schmidt, Achim: Handbuch für Radsport; Meyer & Meyer, Aachen

Allgemeine Trainingslehre

Barteck, Oliver/Kröger, Knuth/Morkramer, Alex: Fitness Manual. Alles über Fitness; Könemann Verlagsgesellschaft, Köln

Edwards, Sally: Leitfaden zur Trainingskontrolle; Meyer & Meyer, Aachen

Geiger, Ludwig: Überlastungsschäden im Sport; BLV Verlag, München

Hottenrott, Kuno/Zülch, Martin: Ausdauerprogramme; Rowohlt Verlag, Reinbek bei Hamburg

Neumann, Georg/Pfützner, Arndt/Hottenrott, Kuno: Alles unter Kontrolle. Ausdauertraining; Meyer & Meyer, Aachen

Weineck, Jürgen: Optimales Training; Spitta Verlag, Balingen

Zintl, Fritz: Ausdauertraining; BLV Verlag, München

Ernährung

Grillparzer, Marion: GLYX-Diät. Abnehmen mit Glücks-Gefühl; Gräfe und Unzer Verlag, München

Grillparzer, Marion: GLYX-Kompass; Gräfe und Unzer Verlag, München

Grillparzer, Marion/Kittler, Martina: GLYX-Diät. Das Kochbuch; Gräfe und Unzer Verlag, München

Nach dem Training

Regelin, Petra: Stretching; Gräfe und Unzer Verlag, München

Schreiber, Chris/Goldberg, Jerry: Sauna. Genuss für Körper und Sinne; Gräfe und Unzer Verlag, München

Hilfreiche Adressen

Deutscher Sportbund
Otto-Fleck-Schneise 12
60528 Frankfurt am Main
www.dsb.de

ESH Elbesport-Hamburg GmbH
Vogt-Kölln-Str. 149
22527 Hamburg
www.elbesport.de

First GUIDE GmbH
Panoramastr. 4
70174 Stuttgart
www.first-guide.de

Institut für Sporternährung
In der Aue
61231 Bad Nauheim
www.isonline.de

Schweizerischer Turnverband
Bahnhofstr. 38
CH – 5000 Aarau
www.stv-fsg.ch

Hilfreiche Internet-Adressen

www.indoor-cycling-academy.de
www.first-fitness-alliance.de
www.tomahawk.de
www.vgf.at

Sachregister

Über den Autor

Marc Günther ist seit 1988 begeisterter Straßenradsportler und Triathlet. Seit 1995 beschäftigt er sich mit Indoor-Cycling. Er wurde als nationaler und internationaler Presenter und Ausbilder für einen amerikanischen Hersteller bekannt und hat sich besonders als Spezialist für die Bereiche Technik und Herzfrequenzsteuerung einen Namen gemacht. Auf unzähligen Kongressen und Ausbildungen begeistert er seit Jahren viele Tausend Indoor-Cycler und wurde als »bester Indoor Cycling Presenter 2002« nominiert und ausgezeichnet.
Marc Günther ist Autor zahlreicher Fachartikel sowie mehrerer Ausbildungskonzepte (Precor USA, LEAD School, ICA IndoorCycling Academy) und war zuletzt als Bereichsleiter Indoor-Cycling bei LEAD School tätig. Danach gründete er die ICA IndoorCycling Academy.
Kontakt: marc@indoor-cycling-academy.de

Wichtiger Hinweis

Die Vorschläge des vorliegenden Buches wurden sorgfältig recherchiert und haben sich in der Praxis bewährt. Alle Leserinnen und Leser sind jedoch aufgefordert, selbst zu entscheiden, ob und inwieweit sie die Anregungen aus diesem Buch umsetzen wollen. Autor und Verlag übernehmen keine Haftung für die Resultate.

Bildnachweis

Fotoproduktion Cover: K. Vey

Fotoproduktion Innenteil:
Tom Roch

Weitere Fotos:
GU: S. 43 (R. Schmitz),
S. 44 (M. Weber)
Zefa: S. 31

Dank

Wir bedanken uns ganz herzlich bei der Cytech GmbH – Tomahawk Indoor Cycling und Sensitive Cycling aus Nürnberg, die uns freundlicherweise die Bikes für die Fotoproduktion zur Verfügung stellte. Nähere Infos zu den Bikes finden Sie unter www.tomahawk.de

Impressum

Programmleitung:
Ulrich Ehrlenspiel
Redaktion: Silvia Herzog
Lektorat und Gestaltung:
Sylvie Hinderberger
Layout: Heinz Kraxenberger
Umschlag: independent Medien-Design
Herstellung: Gloria Pall
Lithos: W&Co., München
Druck/Bindung: Alcione, Trento

ISBN 3-7742-6243-8

Auflage	5.	4.	3.	2.	1.
Jahr	08	07	06	05	04

GRÄFE UND UNZER

Ein Unternehmen der
GANSKE VERLAGSGRUPPE